Ravensburger Taschenbücher
Band 94

Max Bolliger

Joseph

Die Geschichten
von Joseph
und seinen Brüdern

Zeichnungen von
Edith Schindler

Otto Maier Verlag
Ravensburg

Umschlagentwurf von Edith Schindler

Gesamtherstellung: Ebner Ulm
Printed in Germany

14 13 12 11 10 88 87 86 85 84

ISBN 3-473-39094-1

1

»Joseph ist ein Träumer«, sagen seine Brüder.
Wenn sie am Abend nach der Arbeit draußen spielen und sich mit den jungen Knechten und Mägden herumbalgen, schaut Joseph zu.
»Spiel mit«, ruft sein ältester Bruder Ruben.
Joseph schüttelt den Kopf.
»Laßt ihn doch, den mit seinen Mädchenhänden«, spottet Simeon.
Alle lachen.
Simeon ist groß und stark. Die andern fürchten seine Kraft. Er kann Bäume fällen, schwere Steine heben und mit wilden Tieren kämpfen.
Es ist wahr, was er gesagt hat. Joseph hat feine Hände. Schwere Arbeiten auf dem Feld sind ihm zuwider. Lieber sitzt er im kühlen Haus und liest in den alten Schriftrollen seines Vaters.

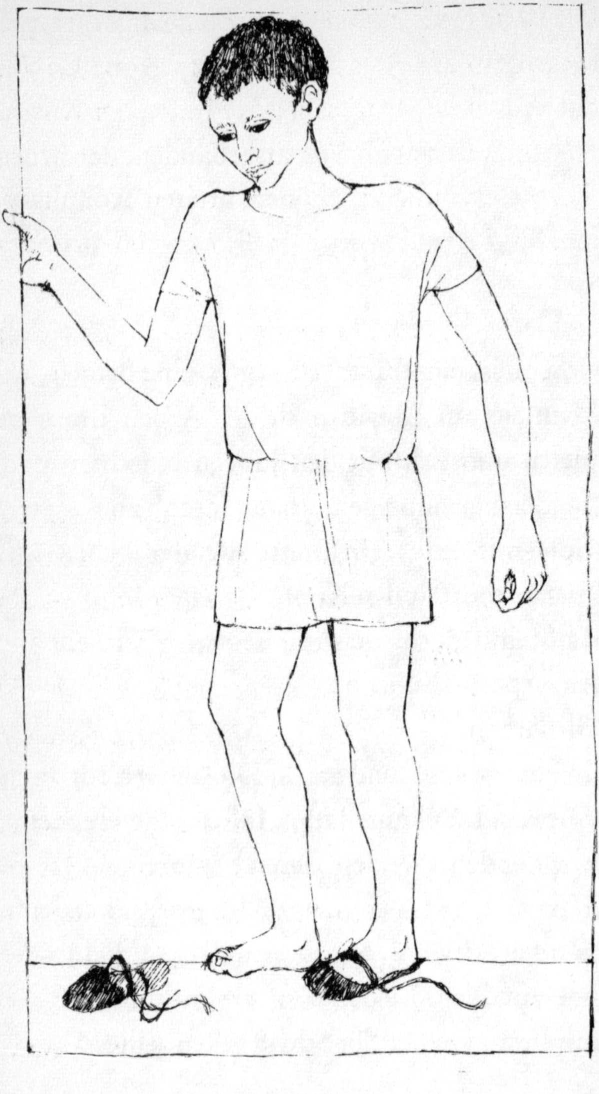

Die steinerne Bank unter den Bäumen ist Josephs Lieblingsplatz. Vor ihm liegt das große Gehöft mit den flachen Dächern, den Hütten der Knechte, den Ställen, den Vorratsgebäuden, der neuen Werkstatt und dem schönen, breiten Wohnhaus, in dem Joseph mit seinen Eltern und Brüdern lebt.

In der Ferne erkennt er die Mauern und Türme einer Stadt. Aus den Tälern steigen die Schatten. Die Nacht kommt bald.

Joseph vergißt die Zeit. Er träumt:

Er reitet auf einem Kamel durch die Wüste. Er besiegt einen Drachen. Er erlöst eine Königstochter im Ägypterland. Sie schenkt ihm ein Schwert und eine goldene Krone ...

Joseph erschauert. Der Wind kühlt seine heiße Stirn, er dreht die Blätter der Bäume, er rauscht und knistert in ihren Kronen. Die ersten Sterne leuchten auf. Joseph versucht sie zu zählen ... Lachen und Geschrei vom Hof her sind verstummt. Aus einigen Fenstern flackern die Öllichter. Langsam geht Joseph dem Hause zu.

Auf der Schwelle zieht er die Schuhe aus.

Leise tastet er sich durch den dunklen Flur in die

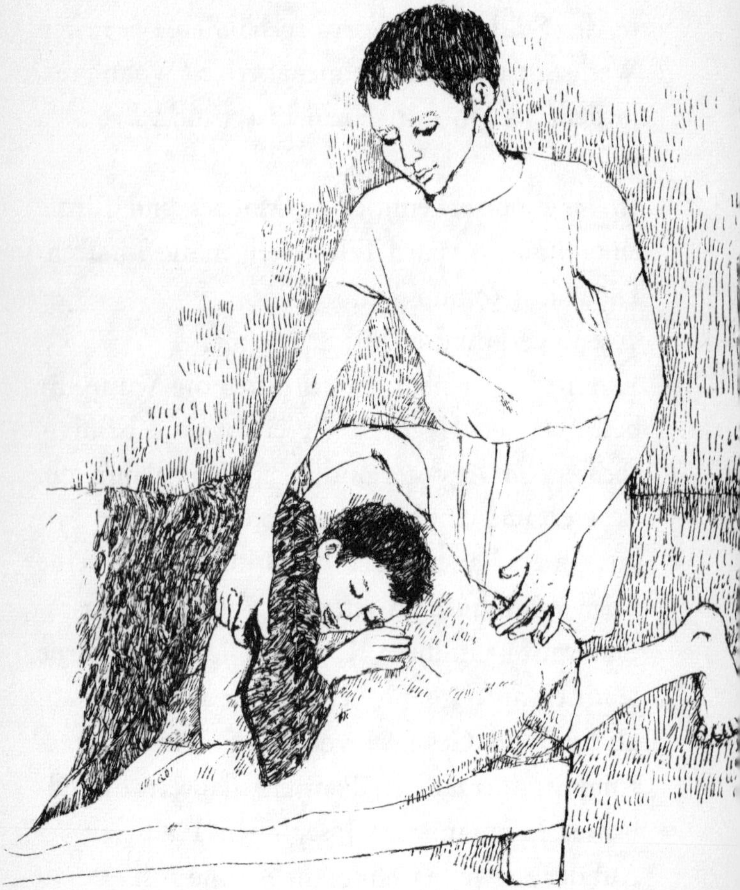

Kammer, die er mit seinem jüngsten Bruder Benjamin teilt.
Nur der Vater hat ihn gehört.

Benjamin schläft. Zusammengekuschelt liegt er unter der weichen, handgewebten Decke aus Schafwolle. Joseph betrachtet sein Gesicht. Es erinnert ihn an die Mutter. Benjamin hat sie nie gekannt. Sie ist vor acht Jahren bei seiner Geburt gestorben.
Joseph hat seinen jüngsten Bruder besonders lieb.

Joseph ist bald siebzehn Jahre alt und immer noch ein Träumer.
»Er ist nicht wie die andern«, klagt Lea, die Schwester von Josephs und Benjamins verstorbener Mutter, »er wird nie ein tüchtiger, zuverlässiger Hirte wie seine Brüder.«
Sie sorgt sich um ihn.
Der Vater beruhigt Lea.
»Du mußt Geduld haben«, sagt er.
Joseph denkt an andere Dinge als seine Brüder. Er ist der einzige unter ihnen, der lesen und

schreiben kann. Er ist klug und wißbegierig. Schon als kleiner Junge spielte er lieber allein. Ein Stück Holz, eine Blume, ein Stein genügten ihm. In seiner Hand wurden sie lebendig. Zorn packt ihn, wenn ein Unrecht geschieht. Stehen nicht Tränen in seinen Augen, wenn er einen Menschen oder ein Tier leiden sieht?
Lea versucht, Joseph zu verstehen. Der Erstgeborene ihrer Schwester Rahel ist ein Sorgenkind. Steht er darum dem Herzen des Vaters am nächsten?

Der Vater heißt Jakob. Seine Familie ist groß. Er hat zwölf Söhne und eine Tochter. Sie heißt Dina. Joseph und Benjamin sind die Jüngsten. Die andern Söhne heißen: Ruben, Simeon, Levi, Juda, Isaschar, Sebulon, Dan, Naphtali, Gad und Asser. Alle wohnen zusammen auf dem großen Hof.
Jakob ist ein reicher und geachteter Mann im Lande Kanaan. Man braucht sieben Tage, um die Grenzen seines Landes zu umschreiten. Jakob besitzt so viele Herden, daß er ihre genaue Zahl nicht kennt.

Jakob ist schon alt. Er hat vieles erlebt. Manchmal erzählt er seinen Kindern und Enkeln aus seinem Leben, von langen und gefährlichen Wanderfahrten, von fremden Ländern und Völkern, von seinem Vater Isaak und seinem Bruder Esau. Als junger Mann hat er viele Jahre bei dem reichen Laban gedient, weil er dessen Tochter Rahel, die Mutter von Joseph und Benjamin, liebte. Nach der Heirat zog er mit allen gefleckten und schwarzen Schafen und Ziegen aus Labans Herde fort. Sie waren der Lohn für seine Arbeit. Nun haben sie sich tausendfach vermehrt.

Gott ist ihm im Traum erschienen. Auf einer Leiter, die von der Erde bis zum Himmel reichte, stiegen Engel auf und nieder. Gott aber stand vor dem offenen Himmel und sprach: »Siehe, ich bin der Herr. Ich bin mit dir und deinem Hause und will dich behüten, wo du auch hingehst. Du sollst nicht mehr Jakob, sondern Israel heißen.«

Immer wieder verlangt Joseph diese Traumgeschichte zu hören.

»Wie sieht Gott aus?« fragt er.

Der Vater legt ihm die Hand aufs Haar. »Warte«, sagt er, »Gott wird sich auch dir eines Tages offenbaren. Gott läßt sich nicht beschreiben wie eine Landschaft oder ein Baum oder eine Blume. Gott ist eine Kraft.«

»Ich möchte dir eine Freude machen«, sagt der Vater eines Tages zu Joseph. Er breitet einen herrlichen Rock vor ihm aus.
Soll dieser Rock mit Ärmeln wirklich ihm gehören? Fragend schaut Joseph seinen Vater an.
Der Vater lacht: »Gefällt er dir nicht? Ist er nicht fein und schön genug für unseren Träumer?«
Staunend fahren Josephs Hände über das schimmernde Gewebe. Weich und kühl schmiegt es sich an seine Haut. Über der Brust ist es mit bunten Fäden bestickt.
Vor Freude vergißt Joseph seinem Vater zu danken. Wie werden seine Brüder ihn darum beneiden! Er läuft zum Weiher, um sich auf der glatten Wasserfläche zu spiegeln. Er neigt sich über sein Bild. Er breitet die Arme aus und lächelt sich zu.
Plötzlich fliegt ein großer Stein dicht an seinem Kopf vorbei und klatscht ins Wasser. Joseph

fährt aus seiner Versunkenheit auf. Erschrocken starrt er auf sein verzerrtes Spiegelbild.
Hinter seinem Rücken lacht jemand, laut und hämisch.
Joseph schaut sich um.
Gerade sieht er noch, wie Gad sich davonmacht und zwischen den Ställen verschwindet.
Traurig geht er ins Haus zurück und erzählt seinem Vater, was geschehen ist.

Hinter der großen Scheune stehen die Brüder zusammen. Ihre Blicke sind dunkel und drohend. Simeon hat seine Hände zu Fäusten geballt. Gad lacht noch immer über den gelungenen Streich mit dem Stein.
»Hab ich nicht gut gezielt? Habt ihr gesehen, wie er erschrak?«
»Oh, ich möchte ihn einmal tüchtig verprügeln, diesen Wichtigtuer.«
»Er wird uns wieder beim Vater verklagen.«
»Er meint, er sei etwas Besseres als wir.«
»Ich hasse ihn!«
»Der Vater ist ungerecht. Seinen schönen Augen glaubt er alles!«

Erregt schwirren ihre Stimmen durcheinander. Haben sie die Geschichten vergessen, die er ihnen erzählte, die Wunden, die er verband, die Dornen, die er mit seinen geschickten Händen aus ihren Füßen zog? Nein, daran denkt keiner. Der Haß läßt sie das Gute vergessen. Sie überlegen nur noch, wie sie Joseph schaden können.

Deutlich bekommt Joseph diesen Haß und Neid zu spüren. Wenn er über den Hof geht, folgen ihm böse Blicke. Die Brüder verstummen, wenn er in ihren Kreis tritt. Ihr Schweigen ist eine hohe, unüberwindbare Mauer.
Er ist ratlos. Manchmal hat er Angst.
Wie gut ist es, daß wenigstens Benjamin zu ihm hält. Bei ihm findet er immer wieder Trost.

Träume haben Joseph aufgeweckt. Er hört den ruhigen, gleichmäßigen Atem seines kleinen Bruders. Der Morgen dämmert. Durch das offene Fenster bricht die Frühe ins Zimmer. Zögernd fangen die ersten Vögel an zu singen. Joseph schließt die Augen. Noch einmal kommt der Traum zurück:

Er bindet mit seinen Brüdern Garben auf dem Feld. Die Garben werden lebendig. Seine Garbe richtet sich von selbst auf, stolz und stark, diejenigen seiner Brüder aber neigen sich vor ihr.
Noch ein anderer Traum bewegt ihn: Sonne, Mond und elf Sterne gehen am Himmel auf. Kniend versammeln sie sich um ihn.
Lange sinnt Joseph darüber nach.
Sonne und Mond, bedeuten sie nicht Vater und Mutter? Elf Garben, elf Sterne, sind es nicht seine Brüder? Sie gehorchen ihm, sie verneigen sich, als wären sie seine Diener.
Was werden sie wohl sagen, wenn er ihnen diese Träume erzählt?
Auf einmal fürchtet er sich nicht mehr. Was können sie ihm schon antun?

Ja, was sagen seine Brüder dazu?
»Wir sollen kommen und uns vor dir verneigen?«
»Du möchtest wohl unser König werden und über uns herrschen!«
»Das könnte dir so passen!«
»Ein Prahler bist du!«

»Ein Muttersöhnchen und Heuchler.«
»Du verstehst es, dich beim Vater einzuschmeicheln und uns schlecht zu machen.«
»Wir werden es dir schon noch heimzahlen!«
Ihre Stimmen beben vor Zorn.
Ruben versucht, die empörten Brüder zu beschwichtigen. Er ist ruhig und besonnen.
»Es hat keinen Sinn, so mit Joseph zu streiten«, sagt er. »Ich will mit dem Vater reden. Er soll ihn für seinen Hochmut bestrafen.«

Nachdenklich hört der Vater seinen Ältesten an.
»Sind wir nicht gute und treue Hirten deiner Herden? Haben wir nicht alle Arbeit verrichtet, die du von uns verlangtest? Haben wir nicht deinen Reichtum vermehrt? Warum soll Joseph mehr Rechte haben als wir? Verstehst du, daß es uns erbittert? Hast du jemals einem von uns einen solchen Rock geschenkt?«
Stumm nimmt der Vater die Vorwürfe entgegen.
Am liebsten würde er zornig auffahren und Ruben ins Gesicht schlagen. Wie kann er es wagen, so mit seinem Vater zu reden!
Er preßt die Hände zusammen. Er will ruhig

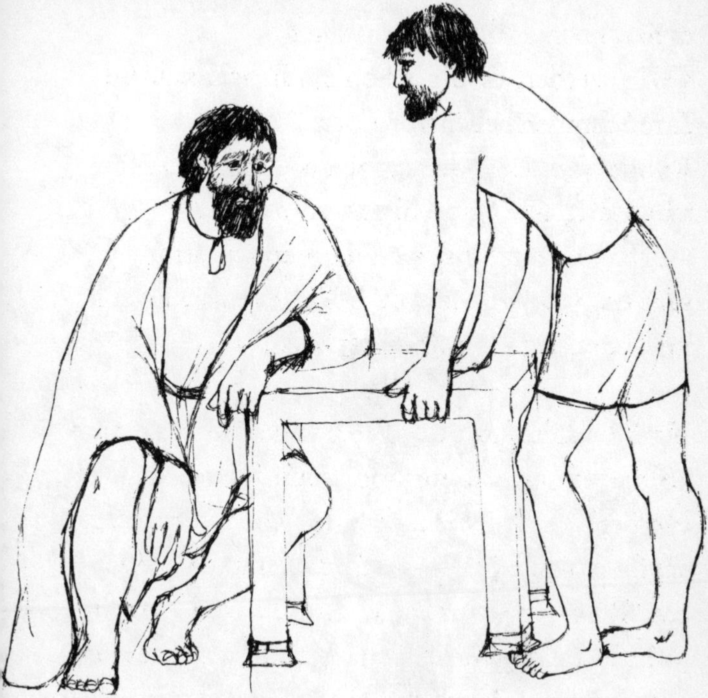

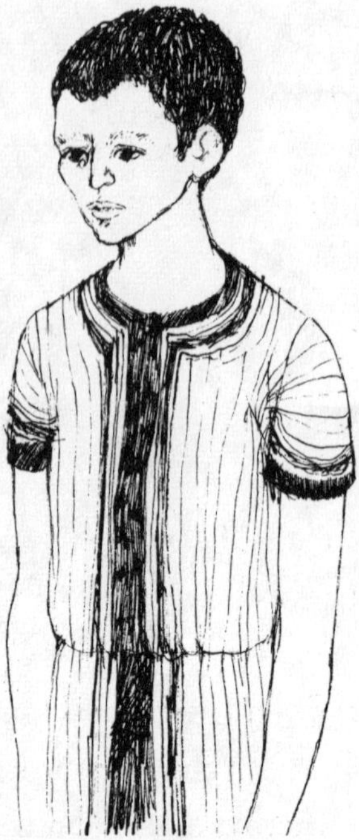

bleiben. Er läßt sich auch Josephs Träume erzählen. Ja, sie sind erniedrigend für ihn, für Lea, für die Brüder.
Er ruft Joseph zu sich.
Hart fährt er ihn an: »Sollen wir denn alle kommen und vor dir niederfallen?«
Joseph hat Tränen in den Augen.
»Was habe ich meinen Brüdern Böses getan?«
Doch der Vater läßt sich nicht erweichen. Zur Strafe muß Joseph eine Woche lang geringe Arbeit auf dem Hof verrichten.
Der Vater macht nicht viele Worte. Immer wieder muß er an die Träume Josephs denken. Er vergißt sie nicht mehr.

Die Regenzeit ist vorbei. Jakob schickt seine Söhne mit den Herden nach Sichem. Grün und saftig steht das Gras auf den Weiden. Niedrige Steinhütten bieten den Hirten Schutz vor wilden Tieren, vor Gewittern und schwarzen Nächten.
Benjamin und Joseph sind zu Hause geblieben. Auf dem Hof ist es ruhig geworden. Die Ställe sind leer. Die Knechte arbeiten auf den Feldern.

Die Wolle der geschorenen Schafe hat sich zu riesigen Haufen getürmt. Die Frauen sitzen an den Spinnrocken und Webstühlen. Sie erzählen sich Geschichten und singen Lieder.
Joseph und Benjamin sind glücklich. Oh, was es alles zu entdecken gibt! Die Stille in den leeren, hohen Vorratshäusern, der tanzende Staub in den Sonnenstrahlen, die sich durch die Ritzen drängen! Die Nester der Enten, die jungen Fische und Kaulquappen! Aus Haselruten lassen sich Flöten schnitzen, Pfeil und Bogen.
Wenn es niemand sieht, werfen sie Steine in den Sodbrunnen. Joseph weiß, wie man so seine Tiefe messen kann. Sie bauen sich eine Hütte in den Ästen eines hohen Baumes, und Benjamin übt auf einer Tafel von frischem Bienenwachs die Schriftzeichen.
»Noch nie war es so schön«, sagt er zu Joseph.

Wie mag es inzwischen den Brüdern ergangen sein? Der Vater möchte es wissen.
Eines Tages sagt er: »Joseph, geh nach Sichem, bring mir Nachricht von deinen Brüdern und dem Vieh.«

Joseph freut sich. In der Frühe macht er sich auf. Es ist still im ganzen Haus, Benjamin schläft. Er will ihn nicht wecken. Blaß stehen die letzten Sterne am Himmel.
Lea hat ihm eine Tasche mit Wegzehrung und mit Leckerbissen für seine Brüder gerüstet.
Der Vater begleitet ihn bis zur Wegbiegung. Er legt den Arm um seine Schultern.
»Du bist mir über den Kopf gewachsen.«
»Ja«, sagt Joseph, »ich bin kein Kind mehr.«
Zum Abschied küßt Jakob seinen Lieblingssohn.
»Sei vorsichtig! Hüte dich vor wilden Tieren, aber auch vor Menschen. Gott sei mit dir!«
Noch einmal schaut der Vater in seine Augen.
Immer noch Träumeraugen, denkt er.
Jetzt sagt Joseph: »Vater, um mich brauchst du keine Angst zu haben. In einigen Tagen bin ich wieder zurück.«
Rüstig schreitet er aus.
Wohlgefällig blickt ihm der Vater nach. Joseph trägt den neuen Rock. Im breiten Ledergurt steckt ein scharfes Messer. In der Hand hält er den selbstgeschnitzten Stab. Die Tasche aus weichem Ziegenleder hängt über seiner Schulter.

Jakob setzt sich am Wegrand nieder, bis Joseph seinen Blicken entschwunden ist.
War es richtig, Joseph allein zu seinen Brüdern zu schicken? Sie hassen ihn. Im Zorn könnten sie ihm ein Leid antun.
Plötzlich macht er sich Sorgen. Aber es ist zu spät, ihn zurückzurufen.
Nachdenklich kehrt Jakob nach Hause zurück.

Schon von weitem sehen die Brüder ihn kommen.
Auf Umwegen hat Joseph sie gefunden. Sie waren von Sichem nach Dothan gezogen.
Gad hat ihn zuerst entdeckt. Er beschattet seine Augen mit der Hand.
»Kommt!« ruft er seinen Brüdern zu. »Ist das nicht Joseph?«
Joseph schwenkt seinen Stock. Er beschleunigt seine Schritte und freut sich, am Ziel zu sein. Er ist müde.
»Ja, da kommt er, der Prahler und Aufschneider!«
»Jetzt sollen wir uns wohl vor ihm verneigen«, grollt Simeon. »Seht seinen bunten Rock!«

Wie eine Flamme aus der Glut bricht der Haß neu in ihren Herzen auf.
»Nun wird man sehen, was seine Träume sind. Wir werden sie ihm schon austreiben. Endlich ist er in unserer Hand.«

»Mord!«
Wer hat das Wort zuerst gesagt?
Und noch einmal: »Mord!«
Hält nicht der Wind in den Bäumen den Atem an?
Verdunkelt sich nicht die Sonne?
»Töten wollen wir ihn, erwürgen und in eine Grube werfen. Niemand wird es erfahren. Wir werden dem Vater sagen, ein böses Tier habe ihn gefressen!«
»Nein«, sagt einer, »nein, das dürft ihr nicht tun. Vergießt nicht das Blut eures Bruders! Werft ihn in eine Grube für seinen Hochmut, aber legt nicht Hand an ihn!«
Es ist Ruben.
Er hofft, Joseph heimlich zu retten, aus der Grube herauszuholen und ihn gesund seinem Vater wiederzubringen.

Ahnungslos tritt Joseph in ihre Mitte. Er denkt nicht an die Streitigkeiten von früher.
»Ich bringe Nachrichten von daheim«, sagt er, »wie geht es euch und den Herden?«
Keiner erwidert seinen Gruß.
Stumm und drohend kommen sie auf ihn zu. Von Furcht und Schrecken erfaßt, weicht Joseph zurück, greift mit den Händen ins Leere. Angsterfüllt starrt er seine Brüder an. Er möchte fliehen. Sie umringen ihn.
»Was wollt ihr? Was habe ich euch denn getan?«
Die Worte kommen nicht über seine Lippen. Todesangst würgt ihm die Kehle.
Einer packt ihn von hinten und schleudert ihn zu Boden. Die andern zerren ihm den Rock vom Leib, zerreißen ihn zu Fetzen. Blind vor Wut stoßen sie ihn mit den Füßen und schlagen mit den Fäusten auf ihn los.
Sie schleppen den Bewußtlosen zu dem ausgetrockneten Brunnen und werfen ihn in die Tiefe.
Alles war das Werk einiger Augenblicke.
Nun sitzen sie schweigend um das Feuer. Keiner wagt dem andern in die Augen zu sehen. Sie untersuchen Josephs Tasche und verzehren gie-

rig, was sie darin finden. Ein großer Krug mit Wein geht von Mund zu Mund.
Nur Ruben ist nicht dabei. Verborgen im Schatten einer Baumgruppe erwartet er die Nacht. Die Sonne ist untergegangen, der Himmel von ihren Strahlen blutig gefärbt.
Sicher werden sich die Brüder betrinken.
Sobald sie sich zum Schlafen niederlegen, will Ruben Joseph aus der Grube holen und zum Vater zurückbegleiten.

Die Brüder beachten Rubens Fehlen nicht. Der Wein hat ihre Zungen gelöst.
»Endlich haben wir Ruhe vor diesem Angeber, diesem eitlen Pfau!«
»Nun kann er sehen, wie sich Sonne, Mond und Sterne vor ihm verneigen.«
»Verhungern und verdursten soll er!«
Die Nacht ist angebrochen. Gespenstig spielt der Flammenschein auf ihren Gesichtern.
»Still«, sagt Isaschar plötzlich.
Erschrocken lauschen sie in die Nacht hinaus.
Stimmen nähern sich, Schritte von Kamelen.
Endlich lösen sich die Gestalten aus der Dunkel-

heit. Die Männer auf den Kamelen erheben die Hände zum Zeichen des Grußes.
Erleichtert atmen die Brüder auf. Es sind Händler, Ismaeliter. Sie kommen von Gilead und sind beladen mit allerlei Waren, mit Gewürzen, Balsam und Myrrhe.
Die Fremden setzen sich zu den Brüdern ans Feuer. Noch einmal macht ein Krug mit Wein die Runde.
»Es war uns, als hörten wir ein Stöhnen und Wimmern in der Nähe«, erzählt einer der Männer, »es klang wie ein Hilferuf.«
Im flackernden Licht kann er nicht sehen, wie die Hirten erbleichen. Juda flüstert dem neben ihm sitzenden Gad etwas zu. Gad gibt es weiter.
»Sollen wir nicht Joseph aus der Grube holen? Die Ismaeliter könnten ihn in Ägypten als Sklaven verkaufen. Was sollen wir unsere Hände mit dem Blut unseres Bruders besudeln!«
Die Brüder nicken Juda zu. Er soll reden und den Handel mit den Fremden abschließen.
Joseph wird aus der Grube gezogen. Sein Gesicht und sein Oberkörper sind von den Schlägen und dem verkrusteten Blut entstellt.

Was soll mit ihm geschehen?
Die Brüder weichen seinen fragenden, angstvollen Blicken aus.
Die Fremden mustern ihn von allen Seiten.
»Ja«, sagen sie, »er ist hübsch und gut gewachsen, wenn auch nicht zu schwerer Arbeit zu gebrauchen.«
»Zwanzig Silberlinge, nicht mehr und nicht weniger, könnt ihr für ihn haben.«
Die Brüder feilschen nicht. Sie sind froh, ihn bald loszuwerden. Die Händler wollen noch in der Nacht aufbrechen und weiterziehen.
Stumm hat Joseph zugehört. Es hat keinen Sinn, sich zu wehren. Noch schmerzt sein ganzer Körper. Nun werden seine Hände auf dem Rükken zusammengebunden. Das Seil wird am Hals eines Tieres festgemacht. Zwei Treiber bewachen ihn. Willenlos läßt er alles über sich ergehen. Er fühlt sich elend und traurig.

Ruben weiß nicht, was inzwischen geschehen ist. Leise schleicht er sich ans Feuer. Die Brüder schlafen unter ihren Decken. An der Glut entzündet er einen Span und eilt damit zur Grube.

»Joseph!« ruft er.

»Joseph, ich bin es, dein Bruder Ruben. Ich bin gekommen, dich zu retten!«

Nur das Echo seiner Stimme antwortet ihm.

Noch einmal ruft er: »Joseph!«

Ist er tot? Haben sie ihn zu hart geschlagen?

Er wirft seine Fackel in den Abgrund.

Die Grube ist leer.

Verzweiflung überfällt ihn. Ist er zu spät gekommen? Er rennt zum Feuer zurück, weckt seine Brüder, schüttelt sie, schreit:

»Was habt ihr getan? Wo ist Joseph? Die Grube ist leer!«

Schlaftrunken richten sich die Brüder auf. Sie lachen.

»Tot? Nein, verkauft haben wir ihn, vorüberreisenden Händlern. Hier, diese zwei Silberlinge gehören dir. Wir haben redlich geteilt. Und sollte es dir etwa einfallen, uns beim Vater zu verraten, wird es auch dir nicht anders ergehen als dem Träumer! Wir werden morgen einen Ziegenbock schlachten, die Reste von Josephs Rock darin tränken und sie seinem Vater senden.«

Entsetzt starrt Ruben seine Brüder an.
Er schleudert ihnen das Geld vor die Füße. Wie soll er jemals wieder vor seinen Vater treten!
Er geht in die Nacht hinaus. Die Sterne funkeln am Himmel. Der Mond steigt über den Rand eines Hügels auf.
Er weint.

Längst sollte Joseph zurück sein. Ungeduldig wartet der Vater auf sein Kommen.
Immer wieder steigt er zu Josephs Lieblingsplatz hinauf, um nach ihm Ausschau zu halten. Nachts läßt er ein Feuer brennen.
»Kommt er heute?« fragt Benjamin. Wie leer und öde sind ihm die Tage!
Viele Stunden verbringt er auf dem Wipfel eines Baumes, um seine Ankunft nicht zu verfehlen.
Am neunten Tag nach Josephs Abreise entdeckt Benjamin in der Ferne einen dunklen Punkt. Er nähert sich, wird größer, ein Mensch.
Benjamin läßt sich am Stamm hinuntergleiten.
»Vater, er kommt, er kommt!« ruft er über den Hof, »ich gehe ihm entgegen.«
Enttäuscht kehrt er mit einem der jungen

Knechte zurück, die Jakob seinen Söhnen mitgegeben hat.
Der Vater steht unter der Haustür.
»Wo ist Joseph?« fragt er hastig.
»Herr«, stammelt der Junge, »deine Söhne schicken mich zu dir. Sie haben diese Tasche und diese blutigen Fetzen eines Rockes zwischen Dornengestrüpp gefunden. Sie lassen dich fragen, ob es nicht der Rock Josephs ist?«
Er ist es.
Jakob bedeckt sein Gesicht mit den Händen.
Er stöhnt.
»Ein wildes Tier hat ihn zerrissen!«
Unnahbar geht Jakob durch das große, leere Haus. Die Frauen flüstern. Weder Benjamin noch die Enkelkinder können ihn trösten. Es ist schwer, Gottes Plan zu verstehen. In langen, schlaflosen Nächten hadert Jakob mit Gott.
»Gott, Du hast ihn mir genommen. Siehst Du nicht meine Qual? Mein Haar ist weiß. Ich habe meine Kleider zerrissen. Ich trage einen Sack um die Lenden. Traurig wird mein Alter sein. Ich will mich nicht trösten lassen. Mit Leid und Kummer werde ich sterben . . .«

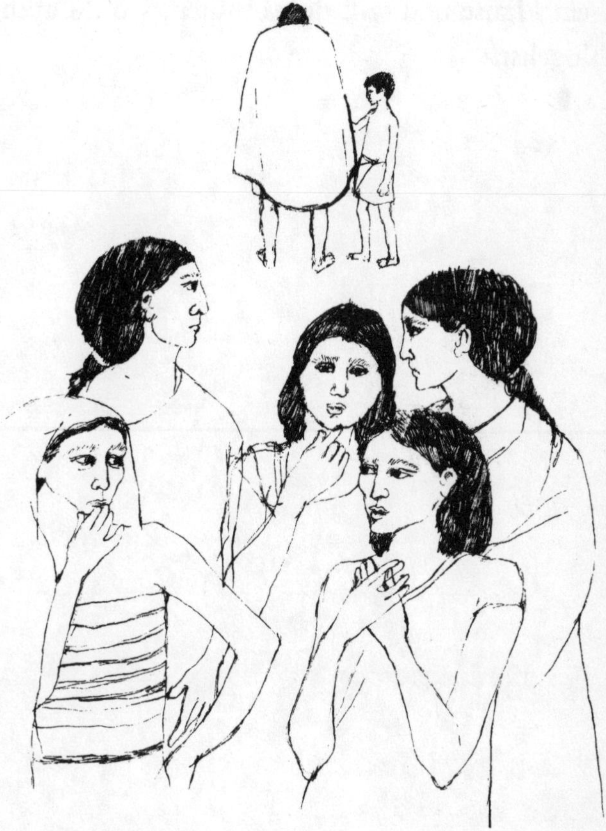

Gott schweigt.
Hat Jakob vergessen, was Er ihm vor vielen, vielen Jahren versprochen hat, am Fuße der Leiter, die in den Himmel führte:
»Siehe, ich bin der Herr. Ich bin mit dir und deinem Hause und will dich behüten, wo du auch hingehst.«

2

Viele Tage und Nächte sind vergangen, seit Josephs Brüder ihn für zwanzig Silberlinge verkauft haben.

Im Morgengrauen erreichen die Ismaeliten den breiten Strom, den Nil.

Eine Fähre bringt sie hinüber. Die Ruderknechte singen lange, eintönige Lieder.

Joseph versteht ihre Sprache nicht.

»Sie besingen den Strom, auf dem sie fahren, und Pharao, ihren König«, erklären ihm die Händler.

»Wir sind am Ziel, wir sind in Ägypten.«

Wie fremd ist alles! Häuser, Straßen und Menschen! Die Kleider der Frauen sind fein und kostbar. Vor den offenen Türen stehen Männer. Sie reden zusammen.

Staunend geht Joseph durch die Straßen der großen Stadt. Er muß achtgeben, daß er die Händler nicht aus den Augen verliert. Sie haben ihn losgebunden. Er hat ihnen versprochen, nicht zu fliehen. Es hätte keinen Sinn, allein in einem fremden Land, dessen Sprache er nicht versteht und dessen Sitten er nicht kennt.

Hinter den weißen Mauern eines riesigen Palastes steigt jetzt die Sonne auf. Ihre Strahlen vertausendfachen den Glanz goldener Dächer und Kuppeln.

Geblendet bleibt Joseph stehen.

Es ist der Palast Pharaos, des Königs.

Ist nicht alles ein Traum, aus dem er bald erwachen wird?

»Beeil dich!« drängen die Ismaeliten, »der Markt hat schon begonnen.«

Das Gedränge wird dichter. Joseph wird von allen Seiten gestoßen und geschoben. Nur die schwer beladenen Kamele schreiten ruhig und gelassen durch das Gewühl.

Schon hört man das Schreien der Händler und dazwischen die Stimmen der Käufer.

Jeder versucht, den andern zu übertönen. Jeder will die beste Ware haben. Joseph möchte stehenbleiben und zuschauen. Für einige Augenblicke hat er seine Müdigkeit vergessen.
Neben einem Sklavenhändler finden die Ismaeliten einen leeren Platz. Auf dem Boden breiten sie ihre Waren aus.
Joseph stellt sich in den schmalen Schatten einer Mauer.
»Halt dich aufrecht! Mach kein trübseliges Gesicht!« ruft ihm einer der Händler zu.
Joseph weiß warum. Die Ismaeliten wollen ein gutes Geschäft mit ihm machen.
Wo wird er sich heute abend zum Schlafen hinlegen? Was wird ihm die Zukunft bringen?

Es ist bald Mittag. Die Sonne brennt. Die Luft flimmert. Weißer Staub legt sich über alles und dringt den Menschen durch die Kleider auf die Haut. Der Duft starker Gewürze vermischt sich mit dem Geruch von Mensch und Tier, dem Gestank faulender Fische und überreifen Obstes. Schon fangen einige Kaufleute an, ihre Waren zusammenzupacken.

Joseph steht immer noch unbeachtet an seinem Platz. Der Sklavenhändler in seiner Nähe macht gute Geschäfte. Mit einer Peitsche weckt er die erschöpften Männer und Frauen auf, wenn sich Kunden nähern, Gutsherren und reiche Bauern, die Knechte und Mägde für Feld- und Hausarbeit suchen.

Teilnahmslos lassen sich die aneinandergeketteten Sklaven von den Käufern betasten.

Wie Tiere werden sie behandelt, denkt Joseph mit Schrecken. Auch er soll ja als Sklave verkauft werden.

Ein älterer Mann sinkt plötzlich lautlos zu Boden. Er ist vor Hunger und Schwäche ohnmächtig geworden.

Mit einem Stock schlägt der Händler auf ihn los. Auf dem braunen, mageren Rücken zeigen sich blutige Striemen.

»Steh auf, du Tagedieb, du elender Nichtsnutz! Nicht einmal das Fressen bist du wert!«

Fassungslos schaut Joseph zu. Er vergißt seinen eigenen Kummer. Mutig stürzt er sich auf den Mann und entreißt seinem erhobenen Arm den Stock.

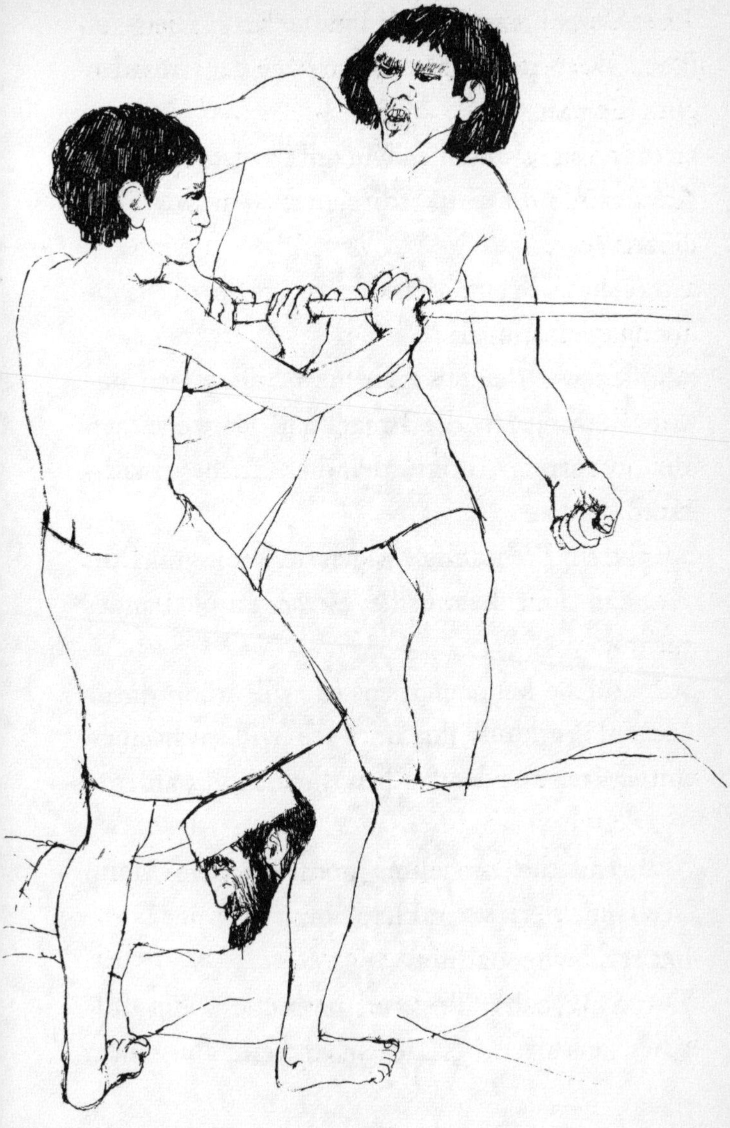

Die Worte bleiben dem Händler im Halse stekken. Mit offenem Mund starrt er den fremden Jüngling an.

Jetzt will er sich voller Wut auf ihn werfen.

»Was fällt dir ein!« schreit er, »das wirst du büßen!«

Schon hat sich eine Menschenmenge um die Streitenden versammelt.

»Sollen wir deinetwegen noch Scherereien haben!« schimpfen die Ismaeliten. Sie versuchen den erzürnten Sklavenhändler zu beschwichtigen.

»Er ist ein Fremdling«, sagen sie, »er kommt aus Kanaan und kennt die Sitten eures Landes nicht.«

»Er soll sie kennenlernen. Ich will schon dafür sorgen! Verkauft ihn mir. Ich will euch einen guten Preis für den frechen Burschen bezahlen.«

Während die Ismaeliten noch mit dem Mann verhandeln, tritt ein Herr hinzu. Aus der Nähe hat er alles beobachtet.

Der Sklavenhändler verstummt jäh. Ein falsches, heuchlerisches Lächeln erscheint auf seinem

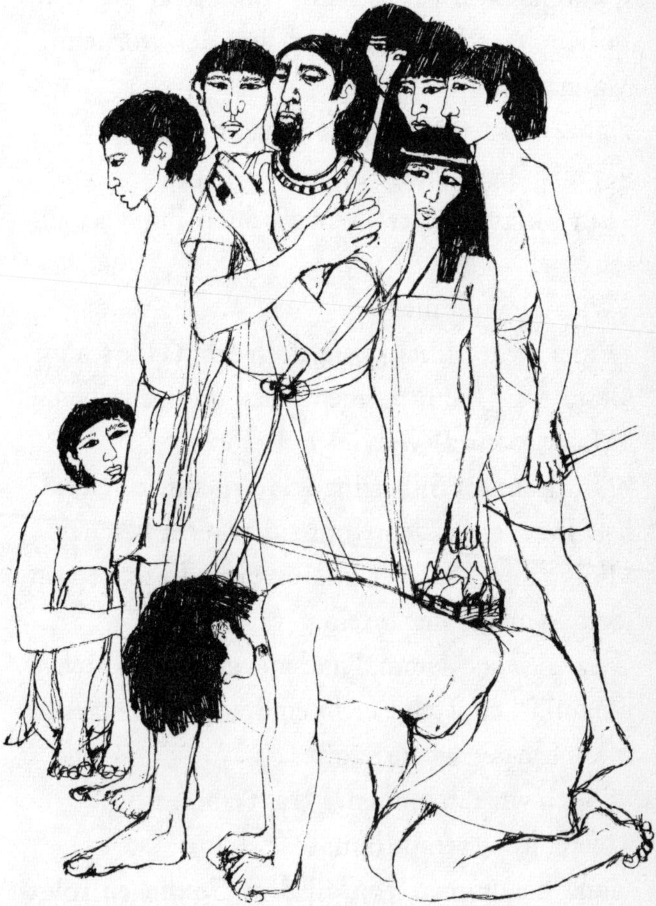

Gesicht. Er verneigt sich bis zur Erde. Kaum erkennt man den groben Kerl wieder.

»Womit kann ich dienen?« flüstert er ergeben. Voller Verachtung schaut ihn der vornehme Mann an.

Dann wendet er sich den Ismaeliten zu.

»Wer ist dieser junge Mann?«

»Ein Sklave, Herr! Wir möchten ihn verkaufen.«

»Wieviel wollt ihr?«

»Er ist zwar nicht kräftig, doch er hat eine schöne Gestalt. Er kann rechnen, lesen und schreiben.«

»Macht es kurz! Wieviel wollt ihr?«

»Nur hundert Silberlinge, Herr, euch zu Gefallen. Ihr werdet den Kauf sicher nicht bereuen.«

»Folge mir!« sagt er zu Joseph, »du sollst von jetzt an mein Diener sein.«

Ohne sich noch einmal nach der gaffenden Menge umzublicken, steigt er in eine von zwei starken Männern getragene Sänfte.

»Sollen wir ihn binden?« fragt einer.

»Nein, ich vertraue ihm.«

Ganz benommen von all dem Geschehen folgt Joseph dem kleinen Zug.

Er ist glücklich und dankbar, daß er dem grausamen Sklavenhändler entronnen ist.

Josephs Gebieter heißt Potiphar. Er ist Kämmerer und Hauptmann der königlichen Leibwache. Neben dem Palast des Königs bewohnt er mit seiner Frau, mit vielen Dienern und Mägden ein schönes Haus.
Wo er hinkommt, kennen ihn die Leute, und auf der Straße machen sie seiner Sänfte ehrfürchtig Platz.

Potiphar braucht seinen Kauf nicht zu bereuen. Nach einigen Monaten hat Joseph die Sprache der Ägypter erlernt. Auch ihre Zeichenschrift wird er bald beherrschen.
Nicht nur die Sprache und die Schrift sind anders als zu Hause. In Potiphars Haus gibt es Sessel mit goldenen Beschlägen, herrliche Gefäße aus Alabaster, Krüge und Schöpflöffel aus Kupfer. Auch die Männer tragen Schmuck, Ringe mit glänzenden Steinen, blitzende Ohrgehänge, gestickte Stirnbänder, Arm- und Fußspangen und goldene Ketten.

Von Potiphars Haus sieht Joseph auf den Nil. Der Fluß gibt dem Land das Leben. Der Fluß macht die Menschen glücklich. Er bewässert die Felder. An seinen Ufern wachsen Palmen, Feigen- und Granatapfelbäume. Im Schilf hausen Wasserbüffel und Nilpferde.
Joseph lacht, wenn er den Jungen zuschaut, die mit Netzen fischen oder sich aus dicken Schilfbündeln kleine Boote bauen und damit stundenlang auf dem Wasser herumspielen.
Das würde meinem Bruder Benjamin auch gefallen, denkt er.

Drei Jahre sind seit seiner Ankunft in Ägypten vergangen.
»Was Joseph in die Hand nimmt, gelingt ihm«, sagt Potiphar. »Man kann sich auf ihn verlassen. Auch wenn Joseph ein Sklave ist und mir mit Leib und Seele gehört, sind sein Fleiß und seine Treue nicht selbstverständlich.«
Eines Tages läßt er ihn zu sich kommen.
»Joseph«, sagt er, »seit du in meinem Hause bist, liegen Segen und Glück über allem. Du hast mein Haus gepflegt, als ob es dein eigenes wäre. Du

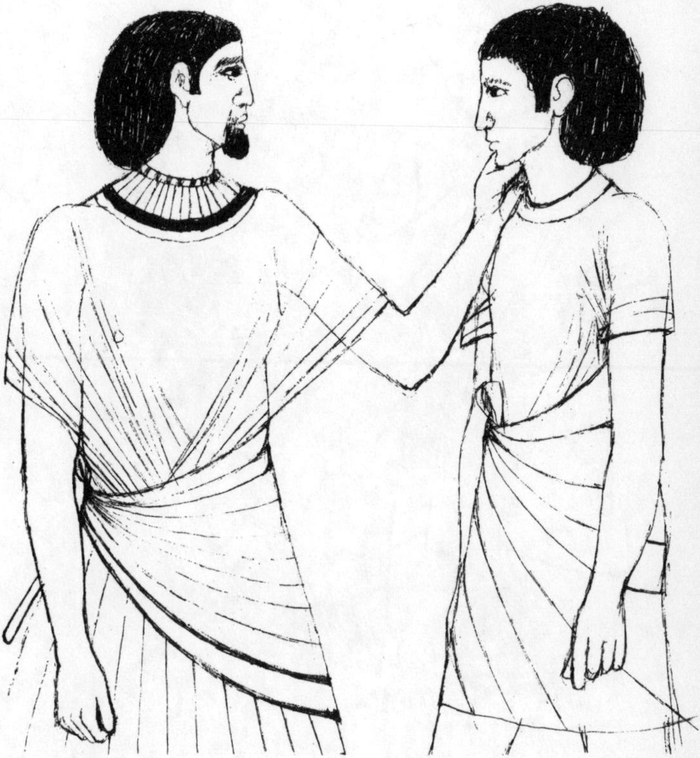

hast meinen Reichtum vermehrt und warst gerecht gegen die Knechte und Mägde. Von heute an sollst du der Verwalter meines Hauses sein, meiner Felder und Güter. Ich setze dich über alles, was ich habe!«

Die Frau Potiphars weiß oft nicht, wie sie die Tage verbringen soll. Sie hat wohl ihre weißen Hunde, hat bunte Papageien in Käfigen und sogar einen kleinen Affen an einer goldenen Kette. Doch die Tage sind lang. Potiphar ist im Palast des Königs. Knechte und Mägde arbeiten in den Gärten und auf den Feldern.
Nur Joseph, der junge Verwalter, ist da.
Sie beobachtet ihn bei der Arbeit. Er ist flink und von schöner Gestalt.
»Du bist mein Sklave«, sagt sie zu ihm. »Mein Mann hat hundert Silberlinge für dich bezahlt. Du mußt tun, was ich will. Du gehörst mir, wie die Hunde, wie die Papageien und wie mein kleiner Affe.«
»Herrin, ich bin euer Sklave, aber ich bin kein Spielzeug«, sagt Joseph höflich.
»Doch«, sagt sie, »du bist mein Spielzeug.«

Sie springt von ihrem Ruhebett auf und faßt nach Josephs Rock.
Sie lacht trotzig wie ein Kind.
Erschrocken reißt sich Joseph los, stürzt hinaus in den Garten. Er merkt nicht, daß sie seinen Rock in den Händen hält. Schreit sie deswegen so laut?
Knechte, Diener und Mägde laufen zusammen.
»Seht!« ruft sie und zeigt Josephs Rock herum, »dieser Heuchler, den mein Mann zum Verwalter erhoben hat, wollte mich umarmen. Und als ich schrie, flüchtete er.«
Entsetzt starren die Knechte und Mägde einander an. Stumm kehren sie an ihre Arbeit zurück.
Joseph geht in seine Kammer. Noch kann er nicht fassen, was geschehen ist.

Wird Potiphar glauben, was die Frau ihm erzählt?
Sie schluchzt und schleudert Josephs Rock vor seine Füße.
Er schweigt.
»Genügt dieser Rock nicht als Beweis, daß er seinen Mutwillen mit mir treiben wollte?«

Potiphar schweigt.
Hat er nicht Joseph vor dem groben Sklavenhändler bewahrt? Hat er ihn nicht lieb gehabt wie einen eigenen Sohn? Hat er ihn nicht zum Verwalter gemacht über alle seine Güter? Hat er ihm zuviel vertraut? Ist er übermütig und stolz geworden?
Die Stimme der Frau reißt ihn aus seinen Gedanken.
»Jage ihn aus dem Haus! Mach mit ihm, was du willst, doch er soll mir nicht mehr vor die Augen kommen!«
Potiphar ist einen Augenblick unsicher. Soll er mit Joseph sprechen?
Nein, es hat keinen Sinn. Liegt nicht hier zum Beweis Josephs Rock?
Enttäuschung und Trauer sind in ihm.
»Ich will ihn nicht mehr sehen!« sagt er.
Ohne daß Joseph sich verteidigen kann, wird er von zwei Soldaten gefesselt und ins Gefängnis abgeführt.

Schlaflos und lang sind die Nächte im Gefängnis. Aus den Nachbarzellen hört Joseph Flüche und Stöhnen. Zusammengekauert, die Knie an die Brust gepreßt, starrt er in die Dunkelheit. Über die feuchten Mauern kriechen große Spinnen. An unsichtbaren Fäden lassen sie sich von der Decke hinuntergleiten. Ratten huschen über seine Füße.

Er ist mutlos und allein.

Er denkt an den Vater, an Benjamin und auch an seine andern Brüder. Warum haben sie ihn so gehaßt?

Joseph möchte lernen, sich selbst und die andern Menschen zu verstehen.

Zum erstenmal seit vielen Wochen betet er wieder.

»Wie sieht Gott aus? Warum sehe ich ihn nicht?« hatte er seinen Vater gefragt, als er noch ein kleiner Junge war. Und er hört die Antwort:

»Gott läßt sich nicht beschreiben wie eine Landschaft oder ein Baum oder eine Blume. Gott ist eine Kraft.«

Eines Tages kommt der Gefängnishauptmann in seine Zelle.

»Joseph«, sagt er. »Ich habe dich beobachtet. Von

Potiphars Knechten und Mägden habe ich nur Gutes über dich gehört. Sie glauben an deine Unschuld. Von nun an sollst du mir helfen. Ich brauche jemanden, der mit den Gefangenen umzugehen weiß.«

Joseph darf nun in einer sauberen Kammer schlafen und innerhalb der Gefängnismauern frei umhergehen.

Die Gefangenen haben Vertrauen zu ihm. Für jeden findet Joseph ein freundliches Wort. Viele erzählen ihm ihr Schicksal.

Er läßt ihre schmutzigen Zellen reinigen. Er gibt ihnen Arbeit, die sie zufrieden macht. Wo er nur kann, erleichtert er ihr schweres Los. Der Hauptmann läßt ihn gewähren. Seit er Joseph über die Gefangenen gesetzt hat, versuchte keiner zu entfliehen, und ihre mürrischen Gesichter haben sich aufgehellt.

Unter den Gefangenen sind zwei Kämmerer des Königs, der Amtmann über die Bäcker und der Amtmann über die Schenken. Pharao verdächtigte sie, seinen Besitz veruntreut und ihre Macht im Palast mißbraucht zu haben.

Eines Morgens trifft Joseph die beiden nachdenklich in ihrer Zelle.

»Warum seid ihr heute so traurig?« fragt er sie.

»Wir haben vom König geträumt, doch wir wissen nicht, was unsere Träume bedeuten!«

»Vielleicht kann ich euch helfen.«

»Ich sah im Traum einen Weinstock vor mir«, beginnt der Mundschenk, »er hatte drei Reben. Der Stock grünte, wuchs und blühte, und seine Trauben wurden reif. In meiner Hand hatte ich den Becher des Königs. Ich nahm die Beeren, zerdrückte sie in den Becher und reichte ihn dem König.«

Aufmerksam hört Joseph zu.

»Amtmann über die Schenken«, sagt er, »drei Reben sind drei Tage. In drei Tagen wird sich Pharao deiner erinnern. Er wird dir verzeihen und dich wieder in dein Amt einsetzen. Du wirst die kostbaren Weine für seinen Tisch wählen und ihm den Becher reichen.«

»Oh, wenn es wahr würde!« ruft der Mundschenk aus.

»Laß mich nun meinen Traum auch erzählen«, unterbricht ihn der Bäcker. »Ich trug weiße Kör-

be auf meinem Kopf. Im obersten Korb lag allerlei süßes Backwerk für den König, doch die Vögel kamen und fraßen es weg.«
Joseph bedenkt sich lange.
»Amtmann über die Bäcker, drei Körbe sind drei Tage. In drei Tagen wird sich der Pharao deiner erinnern. Er wird dich an den Galgen hängen, und die Vögel werden dein Fleisch fressen.«
Laut stöhnt der Bäcker auf. Er schlägt die Hände vors Gesicht. Er will Josephs Worten nicht glauben.
»Ich gebe die Hoffnung nicht auf«, sagt er.

Der König hat Geburtstag.
Auf einer goldenen Barke fährt er den Fluß hinunter. Die Menschen jubeln ihm zu. Sie lieben ihn. Sie sagen:
»Er ist der Sohn der Sonne.«
Das Fest dauert bis tief in die Nacht. Das Volk feiert in den Straßen und auf den Plätzen, es singt und tanzt.
Im Palast des Königs brennen Tausende von Lichtern. Im Hof türmen sich die Geschenke seiner Untertanen, benachbarter Fürsten und Kö-

nige zu Bergen: kostbare Stoffe, Gold und Silber, Perlen und Edelsteine, Ebenholz und Elfenbein, Alabaster, Statuen aus Stein und durchsichtige Gefäße aus Glas. Besonders bewundert werden zwei Löwen aus der Wüste in einem goldenen Käfig.

Ist der König nicht reich und glücklich?

Zufrieden sitzt er mit seiner Familie und seinen Gästen beim Geburtstagsmahl. Auf riesigen Schüsseln tragen Diener herrliche Speisen auf. Flötenspieler, zierliche Tänzer und Tänzerinnen vertreiben den Gästen die Zeit.

Auch der Gefängnishauptmann ist unter ihnen. Gutgelaunt läßt sich der König von ihm eine Liste der Gefangenen bringen.

Wer seine Strafe verbüßt und wer sich als unschuldig erwiesen hat, soll die Freiheit wiederhaben. Langsam wandern die Augen des Königs über die Namenreihen. Manchmal verdüstert sich sein Gesicht, da und dort macht er ein Zeichen.

Er gibt dem Hauptmann die Liste zurück.

»Sieh zu, daß meine Wünsche sogleich ausgeführt werden!«

Noch in der Nacht bringen Soldaten die Befehle des Hauptmanns ins Gefängnis.
Joseph soll sie ausführen.
Die Begnadigten dürfen das Gefängnis verlassen.
Der Henker soll seines Amtes walten.
Die Wünsche des Königs sind unwiderruflich.
Joseph liest die Namen. Drei Tage sind vergangen, seit ihm der Bäcker und der Mundschenk ihre Träume erzählten. Nun wird seine Deutung wahr.

Überglücklich verabschiedet sich der Mundschenk von Joseph. Er darf in den Palast zurück.
Der König hat ihm verziehen.
»Wirst du dich meiner erinnern?« fragt Joseph leise.
»Wie sollte ich dich vergessen!«
Joseph ist traurig. Oh, wie sehnt er sich nach Freiheit!
»Ich bin aus dem Lande meines Vaters verkauft worden und auch im Hause Potiphars habe ich nichts Böses getan. Ich bin unschuldig!«
»Ich werde beim König für dich bitten!« verspricht der Mundschenk.

3

Pharao, der König, erwacht mitten in der Nacht. Er richtet sich auf. Er lauscht in die Dunkelheit hinaus. Der Wind geht durch die Bäume seines großen Gartens. Durch das geöffnete Fenster sieht er am Himmel die Sterne funkeln.

Ein Traum hat ihn erschreckt.

Er stand am Nil und sah sieben fette Kühe aus dem Wasser steigen. Sie weideten am Ufer, und das Gras stand hoch und saftig. Doch plötzlich stiegen sieben häßliche, magere Kühe aus dem Wasser und sie fraßen die schönen, fetten Kühe auf.

Nur mit Mühe gelingt es dem König, wieder einzuschlafen. Unruhig wirft er sich auf seinem Lager hin und her. In der Morgenfrühe erwacht er zum zweitenmal.

Er sah sieben Ähren wachsen aus einem Halm. Sie waren voll und dick. Daneben aber gingen sieben magere Ähren auf, vom Ostwind versengt. Und die sieben mageren Ähren verschlangen die sieben vollen.
Die Träume ängstigen den König. Er findet keinen Schlaf mehr.
Er steht auf und tritt ans Fenster. Weit dehnt sich das Land vor seinen Augen. Am Rande der Wüste geht die Sonne auf.
»Meine Träume«, denkt er, »sie sind wie eine Botschaft in einer fremden Schrift. Wer wird sie mir entziffern?«

»Wer meine Träume zu deuten vermag, den will ich reich belohnen«, verspricht der König.
Von überall werden sie gerufen, die Weisen und Gelehrten, die Wahrsager und Traumdeuter, aus Städten und Dörfern, aus einsamen Hütten und aus Höhlen am Rande der Wüste.
Der eine deutet so, der andere so. Der König spürt ihre Unsicherheit.
Zornig fährt er sie an: »Eure Worte sind leeres Geschwätz!«

Sein Zorn macht sie ängstlich und ihre Reden noch wirrer.
Pharao jagt sie davon.
»Was hilft mir die Macht, was nützt mir mein unermeßlicher Reichtum! Nicht einer ist fähig, das Geheimnis meiner Träume zu entwirren!«
Die hohen Beamten meiden ihn. Sie fürchten um ihre Stellung am Hofe und wagen kaum, das Wort an ihn zu richten.
Stundenlang schließt sich der König ein und grübelt vor sich hin. Wie ein Schatten legt sich seine Schwermut über das ganze Land.

Zwei Jahre sind vergangen, seit Joseph die Träume des Bäckers und des Mundschenken deutete. Was er ihnen gesagt hat, ist eingetroffen.
»Könnte nicht er vielleicht . . ?«
Der Mundschenk erinnert sich an sein Versprechen. Wie schnell hat er es vergessen, als es ihm wieder gut ging! Er schämt sich.
Bietet sich nicht jetzt Gelegenheit, das Versäumte nachzuholen?
Er läßt sich beim König melden.
Er erzählt, wie es ihm und dem Bäcker im Ge-

fängnis ergangen ist, wie Joseph sie tröstete und wie er ihnen die Träume erklärte.
»Ein junger Mann ist es, aus dem Lande Kanaan, ein Sklave Potiphars und nun der Gehilfe des Hauptmanns im Gefängnis.«
Der König horcht auf.
»Holt mir diesen Fremdling«, befiehlt er, »noch heute will ich mit ihm sprechen!«

»Nein, Joseph, du sollst nicht so vor dem König erscheinen! Hier sind andere Kleider, und den Bart mußt du dir scheren«, sagt der Hauptmann.
Joseph bleibt ruhig. Die lange Zeit im Gefängnis hat ihn Geduld gelehrt.
Zwei Diener des Königs begleiten ihn durch den Palast. Er achtet weder auf die neugierigen Blikke, die ihm folgen, noch auf die schimmernde Pracht in den Hallen und Sälen.
»Gott«, betet er leise, »laß mich Deine Kraft spüren! Was Du auch mit mir vorhast, laß es mich demütig annehmen!«
Gefaßt betritt er den Raum, in dem Pharao ihn erwartet. Ehrfürchtig verneigt er sich und wartet, bis der König das Wort an ihn richtet.

»Bist du Joseph, der Fremdling aus Kanaan?«
»Ja, ich bin es!«
»Mein Mundschenk hat mir von dir erzählt. Ist es wahr, daß du jeden Traum zu deuten weißt?«
»Nicht aus eigener Kraft, sondern mit Gottes Hilfe.«
Auf einen Wink des Königs verlassen die Wachen den Saal. Er will allein mit Joseph sprechen.
Noch einmal erzählt der König die Träume von den fetten und den mageren Kühen, von den vollen und den tauben Ähren.
Aufmerksam lauscht Joseph den Worten. In seinem Herzen ist eine große Stille. Sie macht die Worte durchsichtig und schenkt ihm Klarheit.
»Pharao, deine Träume bedeuten beide dasselbe. Sie sind eine Botschaft und zugleich eine Warnung. Die fetten Kühe und die vollen Ähren bedeuten, daß sieben fruchtbare, gesegnete Jahre über dein Land kommen. Diesen Jahren aber werden sieben Jahre der Dürre folgen. Sie werden dein Land verzehren und ins Unglück stürzen. Sie werden sein wie die sieben häßlichen Kühe und die sieben tauben, vom Ostwind versengten Ähren.«

Der König denkt lange nach. Eine Stimme in seinem Innern sagt: »Dieser Fremdling wird deinem Lande helfen. Glaube ihm!«
»Ich danke dir«, sagt er. »Eine große Aufgabe steht dir bevor.
Bleibe bei mir!«

Am nächsten Morgen versammelt der König seine Beamten, Hauptleute und Minister um sich.
Kaum erkennen sie den König wieder. Wie zu einem großen Fest ist er gekleidet. Seine Augen strahlen.
Alle spüren, daß etwas Wichtiges bevorsteht.
Neben seinem Thron steht der fremde Jüngling.
Die Stimme des Königs ist ernst.
»Was keinem meiner Gelehrten und Wahrsager gelungen ist, hat dieser Jüngling vollbracht. Durch ihn sind mir die Geheimnisse meiner Träume offenbar geworden. Sieben reiche, fruchtbare Jahre stehen unserem Lande bevor. Es werden ihnen aber sieben Hungerjahre folgen. Auf seinen Rat soll ein weiser und verständiger Mann dafür besorgt sein, daß im ganzen Lande

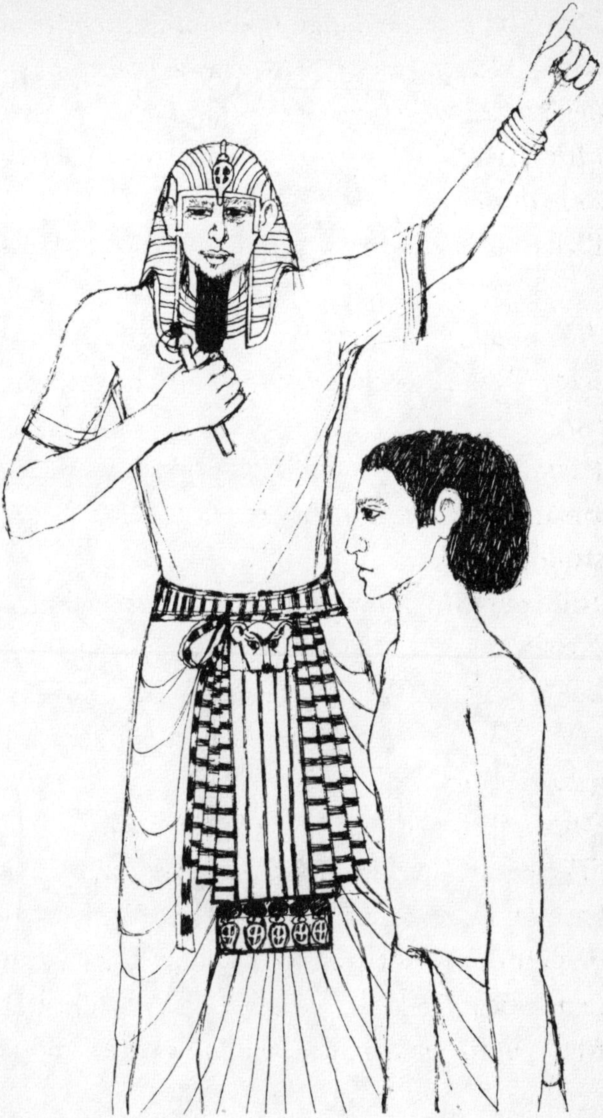

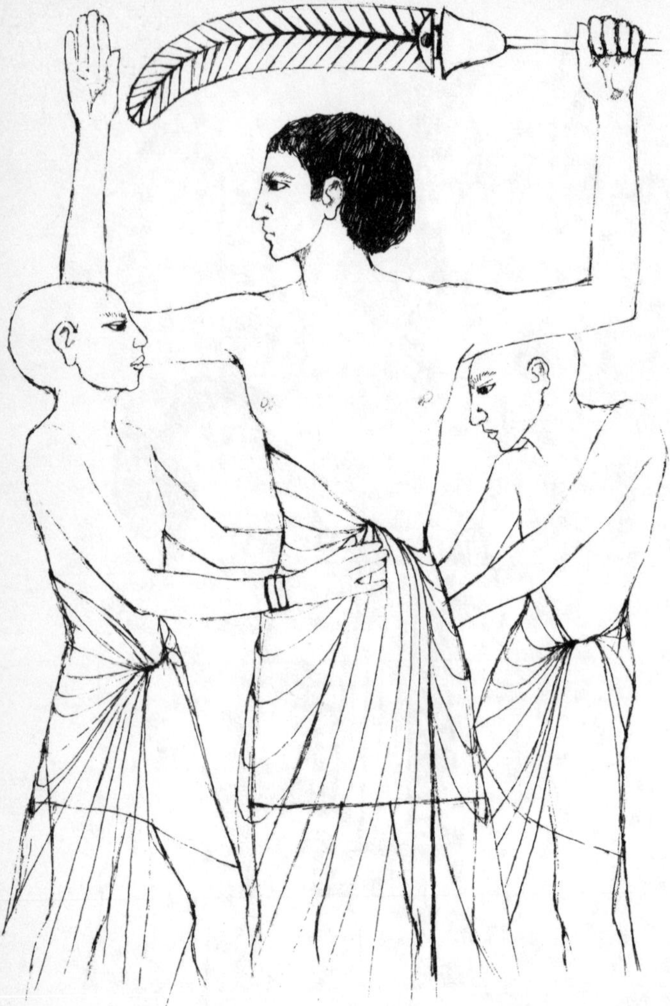

genügend Vorräte gesammelt werden. Es ist eine schwere Aufgabe. Ihn selbst, Joseph, habe ich dafür auserwählt. Ich mache ihn damit zum höchsten Fürsten meines Landes.«
Er wendet sich Joseph zu:
»Siehe, ich habe dich über das ganze Land Ägypten gesetzt. Einzig um den königlichen Thron will ich höher sein als du. Mein ganzes Volk soll deinem Wort gehorchen. Vater des Landes sollst du genannt werden.«
Atemlos haben alle zugehört.
Nun zieht der König einen kostbaren Ring von seiner Hand und steckt ihn an Josephs Finger. Zwei Diener reichen ihm ein weißes Gewand. Aus der Hand des Schatzmeisters nimmt der König eine schwere, goldene Kette und legt sie um Josephs Hals.
»Ich erkläre dich damit zum höchsten Fürsten meines Landes.«
Demütig nimmt Joseph die große Ehrung entgegen. Er weiß, daß er die ihm bevorstehende Aufgabe nur lösen kann, weil Gott mit ihm ist.
Aus der ernsten Stunde wird ein schönes Fest, ein großer und glücklicher Tag.

4

Wo Joseph hinkommt, jubeln ihm die Menschen zu. Sie feiern ihn als Retter des Landes.
Der König schenkt ihm ein Haus, Pferde und Wagen, Land und Herden.
Er gibt ihm Asnath, die Tochter eines Priesters aus der Stadt On zur Frau.
Die Hochzeit dauert drei Tage.
Asnath und Joseph haben einander lieb.

Der Regen kommt zur rechten Zeit, der Wind, die Sonne, der Mond und die Sterne.
Die Bäume hängen voller Früchte. Die Äste vermögen die Last kaum zu tragen. Der Weizen steht hoch, die Ähren sind schwer und voll.
Auf einem zweirädrigen Rennwagen, mit vier Pferden bespannt, fährt Joseph durch das Land.

Helfer begleiten ihn, Aufseher, Landwirte und Baumeister.
Manchmal hält er vor einem Weizenfeld an. Er lauscht dem Wind, der die Halme bewegt. Liebevoll bricht er eine Ähre. Mit den Zähnen schält er die Körner aus ihrer Haut. Sie sind hart und schmecken gut. Er steckt die abgebrochene Ähre in die Tasche.
»Kein Körnchen darf verlorengehen«, sagt er.
Wer von dem Überfluß verschwendet, wird bestraft.
Längst sind die Speicher, die Kornkammern und kühlen Keller gefüllt.
»Noch ist es nicht genug«, erklärt Joseph den staunenden Menschen.
Die Baumeister entwerfen immer neue Pläne. Riesige Vorratshäuser werden gebaut.
Wer vermag die Fülle noch zu messen?
»Es muß so sein«, sagt Joseph zu Pharao, »nur zu schnell gehen die sieben fruchtbaren Jahre vorbei.«

Müde von der Arbeit kommt Joseph am Abend nach Hause.

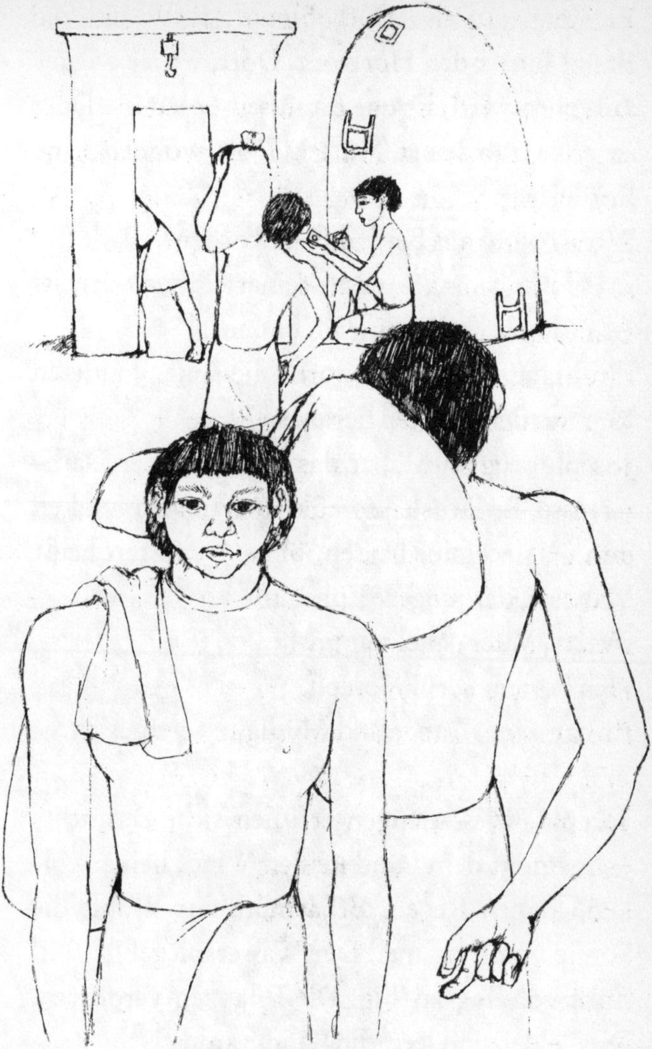

Er steigt auf das Dach hinauf. Rot sinkt die Sonne hinter den Horizont. Dort, wo sie wieder aufgehen wird, ist das Land seines Vaters. Dort ist das Grab seiner Mutter. Dort wohnen seine Brüder.
Was ist wohl aus Benjamin geworden?
Da faßt jemand nach seiner Hand. Es ist Asnath. Sie kennt seinen Kummer.
Ein blauer Ball fliegt durch die Luft. Jauchzen tönt aus dem Garten herauf.
Joseph beugt sich über das Geländer der Dachterrasse. Er lächelt. Zwei kleine Jungen winken ihm. Es sind seine beiden Söhne. Der ältere heißt Manasse, der jüngere Ephraim.
»Vater, Vater, spiel mit uns!«
»Ich komme!« ruft Joseph.
Er hat seine Trauer und Müdigkeit vergessen.

Josephs Weissagungen erfüllen sich. Das achte Jahr bringt dem Land keinen Wind, keine Wolken, keinen Regen. Erbarmungslos strahlt die Sonne vom Himmel. Der Wasserspiegel des Nil sinkt von Tag zu Tag. Die Pflanzen verdorren. Die Felder sind leer, die Bäume kahl.

Viele Brunnen trocknen aus. Jeder Tropfen Wasser wird eine Kostbarkeit.
Wie gut ist es, daß der König dem Fremdling vertraut hat! Dankbar denken die Menschen an Joseph, der sie vor Hunger und Tod bewahrt hat.

Nicht nur in Ägypten, sondern auch in den angrenzenden Ländern will die Dürre kein Ende nehmen. Die Menschen haben Hunger. Die Not ist groß.
Jakobs Scheunen und Vorratshäuser sind leer. Für die Tiere ist kein Futter mehr da. Viele müssen geschlachtet werden.
Seine Söhne haben die Lust zur Arbeit verloren. Die Lieder der Knechte und Mägde sind verstummt. Träge hocken sie im Schatten der Mauern.
Jakob ist bekümmert.
Auf einen Stock gestützt geht er über den Hof.
Jakob ist alt geworden.
Seine Enkelkinder betteln um Brot.
Wo soll er es hernehmen?
Nach Sonnenuntergang versammelt er seine

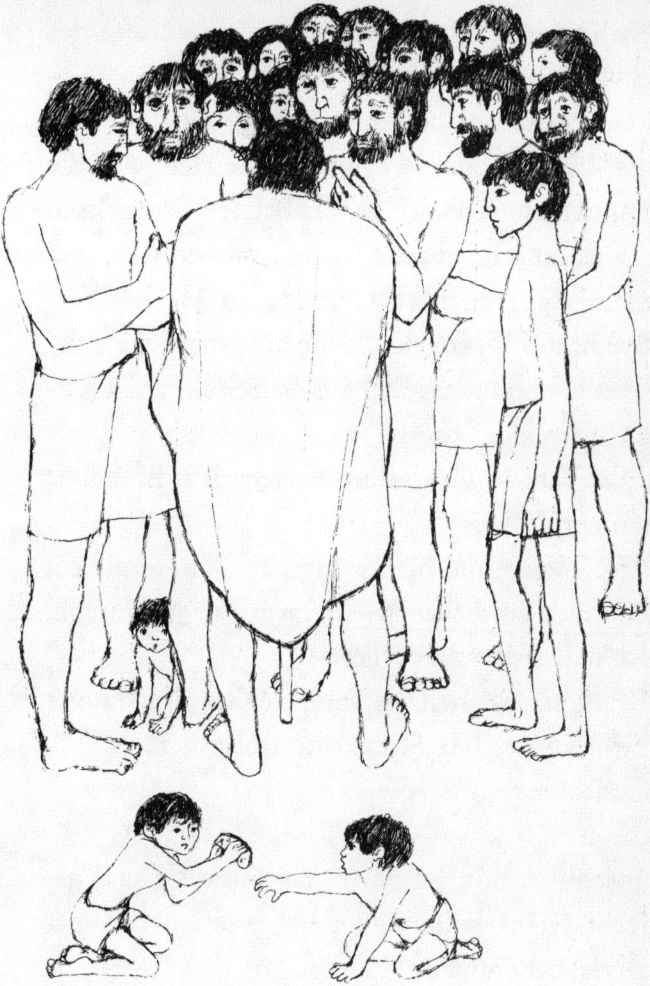

Familie um sich. Prüfend geht sein Blick über die Reihe seiner Söhne. Ach, immer wird ihm der eine fehlen...

»Seit Monaten hoffen wir vergeblich auf Regen«, sagt er. »Unsere Speicher sind leer, und die Kinder schauen mich an wie Bettler. Wir müssen etwas unternehmen. Man hat mir erzählt, daß es in Ägypten noch Getreide zu kaufen gibt. Brecht auf, bevor die Sonne aufgeht, nehmt die letzten und besten Esel aus dem Stall, zieht hinab ins fremde Land!«

»Ja, Vater!« Gehorsam beugen sich die Söhne seinem Willen.

»Du, Benjamin, bleibst hier. Es könnte dir ein Unglück geschehen wie deinem Bruder Joseph. Ich will dich nicht verlieren.«

Bei diesen Worten des Vaters senken die Männer ihre Köpfe. Die Schamröte steigt heiß in ihre Gesichter.

Joseph ist mit den Vorräten umsichtig und gerecht. Keiner soll verhungern, es soll auch keiner zuviel bekommen.

»Herr, zehn Männer aus dem Lande Kanaan

sind da und wollen Getreide kaufen«, meldet ein Diener.
Er sieht nicht, wie Joseph bei dem Worte Kanaan erschrickt.
»Ja«, sagt er, »ich will ihre Bitten selber prüfen. Führt sie herein!«
Könnten es nicht seine Brüder sein?
Sie sind es.
Es ist schwer, das heftige Pochen des Herzens zu verbergen. Die Hände klammern sich um die Lehnen des Sessels.
Seine Augen suchen Benjamin. Er ist nicht dabei.
»Woher kommt ihr? Wer seid ihr?« läßt er sie durch einen Dolmetscher fragen. Die Sprache soll ihn nicht verraten.
Sie fallen vor ihm auf die Knie.
»Herr, wir kommen aus dem Lande Kanaan. Mensch und Vieh leiden große Not.«
Denkt Joseph an den schrecklichen Tag, als sie ihn schlugen, in eine Grube warfen und verkauften? Will er sich rächen?
Hart fährt er sie an: »Ich glaube euch nicht!«
»Herr, wir sind gekommen, um Getreide zu kaufen!«

»Ich glaube euch nicht«, sagt Joseph noch einmal, »Spione seid ihr, Kundschafter eines fremden Herrschers, der unser Land überfallen will.«
Die Brüder bekommen Angst. Warum verdächtigt man sie?
Ruben ergreift das Wort:
»Wir sind alle eines Mannes Söhne. Wir sind zwölf Brüder. Unser Vater heißt Jakob. Benjamin, der Jüngste, ist bei ihm geblieben und einer ist nicht mehr da.«
»Wie wollt ihr mir beweisen, daß ihr die Wahrheit sprecht?«
Noch nie hat der Dolmetscher, der Josephs Worte übersetzt, den Fürsten so zornig gesehen.
»Werft die Männer ins Gefängnis«, befiehlt er den Wachsoldaten, »es sind Lügner und Spione.«

Nach drei Tagen läßt Joseph seine Brüder wieder zu sich kommen.
»Geht nach Hause zurück«, sagt er, »holt euren jüngsten Bruder! Einer von euch bleibt inzwischen hier. Ich will prüfen, ob ihr die Wahrheit gesagt habt.«
Vor ihren Augen läßt Joseph Simeon fesseln.

»Das ist die Strafe, weil wir uns an Joseph versündigt haben.«
»Nun müssen wir dafür büßen und seine Angst selbst erleiden.«
Joseph versteht jedes ihrer Worte.
Ohne sie noch einmal anzusehen, wendet er sich ab und verläßt das Zimmer.
Niemand soll die Tränen in seinen Augen sehen.

In einer Herberge nahe der Grenze halten die Brüder einige Stunden Rast. Sie sind müde und hungrig. Die Sonne brennt. Die ganze Nacht und den Morgen sind sie gewandert.
Vor ihrer Abreise hat Joseph ihre Säcke mit Korn füllen lassen. Sie haben ihm dafür ihr Geld gegeben.
Die Esel sind vom Tragen der schweren Last erschöpft.
Ruben führt die Tiere in den Stall. Er nimmt ihnen die Säcke ab. Mit einem Tuch reibt er ihre schweißbedeckten Felle trocken.
»Brave Tiere«, sagt er, »ohne euch hätten wir nicht so viele Meilen zurückgelegt. Ihr habt eine Handvoll Getreide verdient.«

Er öffnet einen der Säcke. Auf den Körnern liegt eine kleine Leinentasche. Sie klirrt in seiner Hand.

Ruben erschrickt.

Geld! Zehn große, glänzende Silberstücke. Das Geld aus Vaters Truhe!

Er rennt in die Gaststube.

»Kommt!« sagt er hastig zu seinen Brüdern.

Mit erregter Stimme erzählt er ihnen von seiner Entdeckung.

Im Stall untersuchen sie auch die andern Säcke.

In jedem finden sie das Geld wieder, das sie dafür bezahlt haben.

Ratlos schauen sie einander an.

Man hat sie als Spione verdächtigt, ins Gefängnis geworfen, Simeon zum Pfand zurückbehalten ... und jetzt ... jetzt finden sie ihr Geld wieder! Stumm und unheimlich liegt es in ihren Händen.

Verwirrt kehren sie in die Gaststube zurück.

»Wie ist es euch in Ägypten ergangen?«

»Wo ist Simeon?«

Staunend lauscht Jakob den Erzählungen seiner

Söhne. Kopfschüttelnd betrachtet er das Geld, das sie ihm zurückgebracht haben.

»Wer mag dieser Mann sein, dem es gelungen ist, ein Volk vor Hunger zu bewahren, ein Mann, den die Menschen verehren wie den König selbst?«

»Wir müssen bald zurück, Vater«, sagt Ruben, »wir müssen Benjamin mitbringen, um Simeon auszulösen. Er wird uns sonst nicht glauben, daß wir keine Spione sind, sondern Brüder und eines Vaters Söhne.«

»Benjamin?« Jakobs Stimme zittert.

»Joseph ist nicht mehr zurückgekommen, Simeon ist nicht mehr zurückgekommen! Soll ich alle meine Söhne verlieren?«

Das aus Ägypten mitgebrachte Getreide ist aufgebraucht. Die Kinder streiten um jeden Bissen Brot. Der Hunger macht sie krank und böse.

»Vater, vertraue mir!« bittet Ruben. »Wir müssen zurück nach Ägypten. Wir müssen unser Wort halten!«

»Warum nur habt ihr dem Mann gesagt, daß ihr noch einen Bruder habt?« klagt Jakob.

»Vater, ich verspreche dir, Benjamin gesund wiederzubringen. Nie werde ich zulassen, daß Benjamin etwas geschieht!«

»Sollen wir Simeon dem Schicksal überlassen?« beschwört auch Juda den Vater.

»Simeon ist stark und weiß sich zu wehren«, versucht Jakob einzuwenden.

Juda gibt nicht nach.

»Nach allem, was uns in Ägypten widerfahren ist, können wir nicht ohne Benjamin zurückkehren. Ich will Bürge für ihn sein. Laß uns ziehen!«

Kaum erkennt Jakob seine Söhne wieder. Sie sind nicht mehr wie früher. Ihre eindringlichen Worte gehen ihm zu Herzen. Haben Not und Kummer sie so verändert? Manchmal scheint es ihm, als hätten sie eine schwere Last zu tragen.

»Geht in Gottes Namen!« sagt er.

»Nehmt dem hohen Herrn in Ägypten Geschenke mit! Es ist nicht viel, was uns übriggeblieben ist, ein wenig Gewürze, Honig, Datteln und Mandeln. Bringt ihm auch das Geld zurück!« ermahnt Jakob seine Söhne.

Der Abschied von Benjamin fällt ihm schwer.

»Vater, um mich brauchst du keine Angst zu haben! Ich bin kein Kind mehr!« Hat Jakob die gleichen Worte nicht schon einmal gehört?
Mit Tränen in den Augen schaut er ihm nach.
»Gott, behüte ihn auf der Reise! Er ist der Trost meines Alters. Laß den Mann in Ägypten barmherzig sein! Laß ihn gesund zurückkommen.«

Josephs Ungeduld wächst mit jedem Tag.
Werden seine Brüder wiederkommen? Werden sie Benjamin mitbringen? Vielleicht ist dem Vater etwas zugestoßen. Er ist alt, er könnte sterben...
Seit Joseph seine Brüder wiedergesehen hat, quält ihn das Heimweh.
Er erzählt seinen Söhnen Manasse und Ephraim aus seiner Kindheit, von Jakob, seinem Vater, von dem schönen Hof, von den vielen Tieren, von Benjamin, von seiner Schwester Dina und den andern Brüdern.

Nach ihrer Ankunft in Ägypten lassen sich die Brüder sogleich bei Joseph melden. Noch sind sie erschöpft und ihre Kleider und Gesichter von Staub bedeckt.

»Führe sie in mein Haus«, befiehlt Joseph seinem Hausverwalter, »ich will mit ihnen speisen. Beruhige sie, wenn sie sich fürchten. Reiche ihnen frisches Wasser und sorge für sie.«
Scheu und befangen betreten die Brüder Josephs Haus.
Sie sind gekommen, um ein Versprechen einzulösen und um Getreide zu kaufen, und nun werden sie wie Gäste empfangen.
In einem großen, hellen Zimmer liegen auf einem Tisch zwölf Gedecke.
Ein Diener führt Simeon herein. Nur flüsternd wagen sie ihn zu begrüßen.

Plötzlich öffnet sich die Tür.
In einem einfachen weißen Kleid betritt Joseph den Raum.
Sie fallen auf die Knie.
»Erhebt euch!« sagt Joseph freundlich. Seine Augen ruhen auf Benjamin.
Wieder läßt er seine Worte durch einen Dolmetscher übersetzen.
»Ist das Benjamin, euer jüngster Bruder?«
»Ja, Herr, er ist es. Wir sind gekommen, um

Simeon auszulösen und um das Geld wiederzubringen. Wir wissen nicht, wer es uns in die Säcke gesteckt hat. Wir haben nichts Böses getan.«
»Wie geht es eurem Vater? Lebt er noch?«
Die Männer nicken.
»Ja, es geht ihm gut, trotz seines Alters.«
Ehrfürchtig schaut Benjamin den hohen Herrn an. Joseph spürt den Blick. Er hat die Augen Rahels, unserer Mutter, denkt er und legt ihm die Hand aufs Haar.
»Gott sei dir gnädig!«
Jäh wendet er sich ab und verläßt das Zimmer.
Die Brüder schweigen verwirrt und fürchten sich von neuem.

Der Anblick Benjamins hat Josephs Herz aufgewühlt. Er weint.
Aber noch will er sich nicht zu erkennen geben. bevor er sicher ist, daß seine Brüder ihre Tat bereuen.
Er wäscht sich das Gesicht und die vom Weinen geröteten Augen. Gefaßt tritt er wieder unter sie.

Das Essen wird aufgetragen. Genau dem Alter nach läßt er sie um den Tisch sitzen, Ruben zu seiner Linken, Benjamin zu seiner Rechten.

Er lächelt über ihre verwunderten Blicke.

Es ist lange her, seit die Brüder ein so gutes Essen bekommen haben. Der Wein macht sie fröhlich.

Immer wieder bittet Joseph sie, von daheim, vom Hof, vom Vater, von den Knechten und Mägden zu erzählen.

Ist es nicht sonderbar, was der hohe Fürst Ägyptens alles wissen will?

Joseph lauscht seiner Muttersprache. Wie süß tönt sie in seinen Ohren!

Vor seinem Platz liegen die bescheidenen Geschenke, die Gewürze, der Honig, die Mandeln und Datteln. Sie sind ihm lieber als das Gold Pharaos.

Benjamin hat seine Scheu verloren. Glücklich gibt er auf Josephs Fragen Antwort. Es ist ihm, als würde er diesen Mann schon lange kennen.

Joseph fordert ihn auf, von den Speisen zu essen, ja er selbst nimmt die besten Stücke von den Platten und legt sie auf Benjamins Teller. Sogar aus seinem goldenen Becher läßt er ihn trinken.

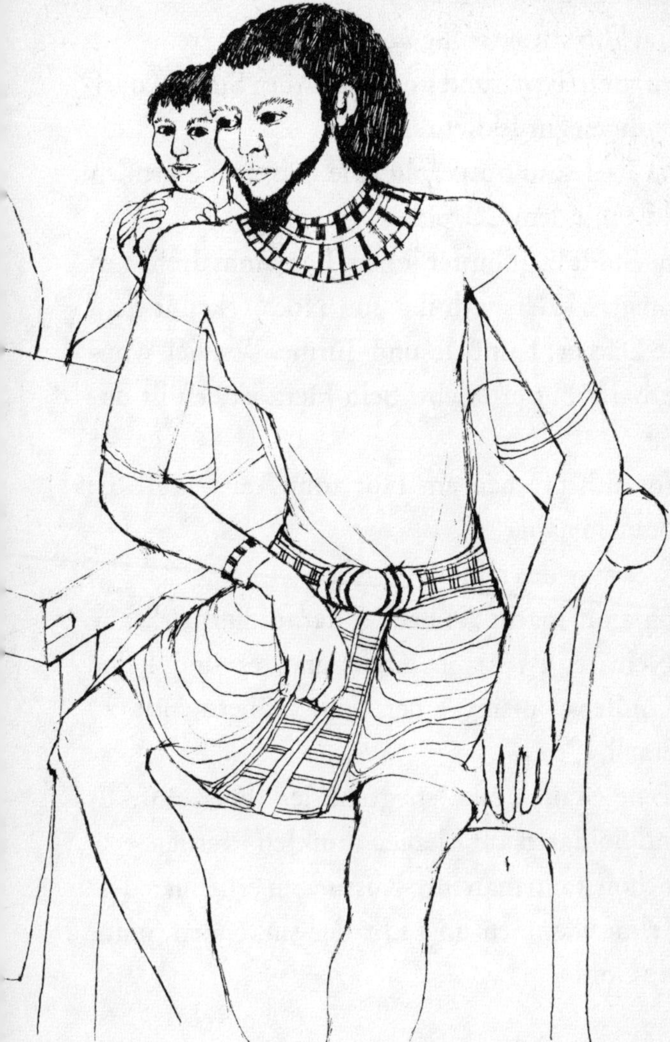

Froh machen sich die Brüder nach dem köstlichen Mahl auf den Heimweg.
Nun können sie ruhig vor den Vater treten.
Benjamin ist gesund und heil. Auch Simeon darf mit ihnen zurückkehren.
Die Esel sind ausgeruht. Sie tragen die großen Säcke mit dem Getreide.
Die Stadt liegt hinter ihnen. Benjamin dreht sich immer wieder nach ihr um. Noch erkennt man die Dächer, Kuppeln und Türme. Wieviel Wunderbares hat er erlebt! Sein Herz ist erfüllt davon.
Plötzlich tauchen am Horizont Reiter auf. Sie kommen näher.
»Wer mag das sein?«
Benjamin macht die Brüder darauf aufmerksam.
»Nein, es ist keine Karawane, es sind keine Händler«, meint einer, »sie nähern sich zu schnell.«
»Eine Staubwolke steigt hinter ihnen auf. Es sind Soldaten auf kleinen dunklen Pferden.«
»Schon kann man ihre Rüstungen erkennen. Die Helme flammen im Licht der sinkenden Sonne wie Gold.«

Die Brüder bleiben stehen.

»Das sind sie!« ruft der vorderste Reiter.

Die jäh gezügelten Pferde bäumen sich auf. Der Sand spritzt unter ihren Hufen hervor.

Drohend stellen sich die Soldaten vor den verwunderten Brüdern auf. Der Hausverwalter Josephs ist unter ihnen.

»Ihr Elenden!« fährt er sie an, »wer von euch hat den Becher meines Herrn vom Tisch gestohlen?«

Fassungslos starren die Brüder ihn an.

»Wie kann der Fürst so etwas von uns denken! Haben wir nicht das Geld, das in unsern Säcken lag, wiedergebracht? Untersucht alles! Wenn ihr bei einem von uns den Becher findet, soll er sterben, und wir andern wollen eure Knechte sein.«

»Öffnet die Säcke!« befiehlt der Verwalter den Soldaten.

Stumm sehen die Brüder zu, wie Sack um Sack aufgerissen wird.

»Hier ist er!« schreit plötzlich einer der Soldaten. Triumphierend hält er Josephs Becher in die Höhe.

»Wessen Sack ist es?« fragt der Verwalter.

Die Brüder erbleichen, zu Tode erschrocken.
Es ist Benjamins Sack!
Laut schluchzen sie auf. Vor Schmerz zerreißen sie ihre Kleider.
»Fesselt ihn!« sagt der Verwalter und zeigt auf Benjamin.
Verzweifelt kehren sie hinter dem gefesselten Jüngsten in die Stadt zurück.

Durch die Dämmerung gelangt der traurige Zug vor Josephs Haus. Er sieht ihn von weitem kommen.
Er empfängt die Brüder mit den Worten: »Ihr habt Gutes mit Bösem vergolten. Warum habt ihr das getan?«
»Herr, wie sollen wir reden vor dir? Wir können nicht verstehen, was geschehen ist. Es ist uns ein großes Rätsel. Womit sollen wir uns rechtfertigen? Wir wollen deine Knechte sein.«
Zum letztenmal will Joseph die Gesinnung seiner Brüder prüfen. Er war es, der den Becher in Benjamins Sack legen ließ.
»Sorgt euch nicht«, sagt er, »ihr dürft ungestraft nach Hause ziehen. Nur der, bei dem der Becher

gefunden wurde, soll hierbleiben. Wie sollte ich denn alle für einen bestrafen!«

Es ist Juda, der mit leiser, aber entschlossener Stimme sagt: »Nie werden wir ohne Benjamin zurückkehren! Hast nicht du uns gesagt, wir sollen unsern Jüngsten zu dir bringen? Wir haben es getan. Ich bin Bürge für ihn. Unser Vater ist alt. Er trägt Leid um seinen Sohn Joseph, an dem wir großes Unrecht begangen haben. Benjamin ist sein Trost. Er würde sterben, wenn wir ohne ihn nach Hause kämen. Nie mehr könnten wir froh werden. Laß mich an seiner Stelle hierbleiben!«

Joseph spürt die flehenden Blicke der Brüder auf sich gerichtet. »Wirst du uns glauben? Wirst du Judas Bitte erfüllen?« fragen sie ihn.

Nun weiß er, daß auch sie sich gewandelt haben. Er kann seine Tränen nicht mehr zurückhalten; er will sich nicht länger verstellen.

»Laßt mich allein mit diesen Männern«, sagt er zu den Umstehenden, »ich habe mit ihnen zu reden!«

Der Dolmetscher zögert.

»Ich brauche dich nicht mehr.«

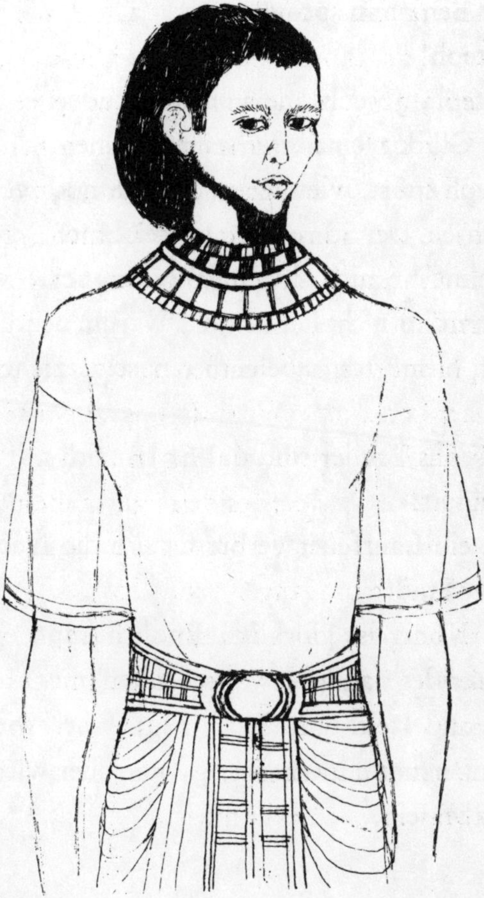

Es ist still geworden. Die Brüder halten den Atem an.

»Ich bin Joseph!«

»Ich bin Joseph!« Unbegreiflich steht dieses Wort in der Stille.

Nur Benjamin springt auf.

»Joseph!«

»Joseph, Joseph, mein lieber Bruder!«

Vor Glück weint er in seinen Armen.

Joseph spürt, wie die andern sich noch vor ihm fürchten. Der Schreck hat sie gelähmt.

»Kennt ihr mich nicht mehr?« fragt er, »warum kommt ihr nicht her zu mir? Warum begrüßt ihr mich nicht? Ich habe euch längst verziehen!«

»Josephs Brüder sind da! Er hat sich mit ihnen versöhnt!«

Wie ein Lauffeuer verbreitet sich die Nachricht in der Stadt.

Der König ist glücklich. Endlich kann er dem Retter des Landes etwas schenken, mehr als Besitz und Reichtum. Noch fünf Jahre wird die Hungersnot dauern. In Ägypten aber wird kein Mangel sein.

Pharao läßt Joseph zu sich kommen. Sie sind Freunde geworden.
»Joseph«, sagt er, »deine Brüder sollen nicht nur deinen Vater hierher nach Ägypten bringen, auch ihre Familien, alles, was sie haben. Nein, nicht nur zu Besuch! Ich will euch das Land Gosen schenken. Es ist weit und fruchtbar. Es soll deinem Vater und deinen Brüdern eine neue Heimat werden. Solange ich lebe, soll deine Familie unter meinem Schutz stehen.«
Dankbar nimmt Joseph das Geschenk des Königs an.

Was wird Jakob sagen?

Nicht mehr mit den Eseln, sondern auf Wagen, bespannt mit starken Pferden aus dem Stall des Königs, fahren die Brüder nach Hause. Der schönste Wagen soll den Vater ins Land Ägypten bringen.
»Joseph lebt!«
»Ist es wirklich wahr?« fragt Jakob immer wieder.
Es fällt Jakob schwer, seinen Söhnen zu glauben.

»Komm doch, Vater, und sieh dir die Wagen an«, sagt Benjamin. Stolz zeigt er die Geschenke, die Joseph ihm vor der Abreise gemacht hat, dreihundert glänzende Silberstücke, fünf Feierkleider und Getreide und Speise für die ganze Familie.
Jakob lächelt über die Freude und den Eifer seines Jüngsten. Wagen, Feierkleider und Geld sind nicht mehr wichtig für ihn. Er ist hundertdreißig Jahre alt. Sein Haar ist weiß, sein Rücken gebeugt. Sein Herz ist müde, und die Augen sind beinahe blind. Er weiß, daß er bald sterben muß. Alle Worte, die Joseph gesagt hat, muß ihm Benjamin wiederholen. Sie schenken ihm neue Kraft.
»Ich will hingehen und ihn sehen!« sagt er.

Mit allem, was er besitzt, zieht Jakob nach Ägypten. Der Zug ist lang. Den Pferden und Wagen folgen die schwerbeladenen Esel und die noch vom Hunger verschonten Herden mit ihren Hirten.
An der Grenze läßt Jakob anhalten und die Zelte aufschlagen. Wehmütig schaut er zurück.

Hat er recht getan, Haus und Hof zu verlassen?
Er bringt Gott Opfer dar, bevor sein Fuß das fremde Land betritt.
Sein größter Wunsch, Joseph zu sehen, soll in Erfüllung gehen. Und wenn es nicht wahr wäre?
In der Nacht hört Jakob seinen Namen rufen.
»Jakob! Jakob!«
»Hier bin ich.«
»Fürchte dich nicht, nach Ägypten hinabzuziehen! Joseph lebt. Er soll seine Hände auf deine Augen legen. Ich bin mit dir und deinem Hause und will dich behüten, wo du auch hingehst. Ich will dich zu einem großen Volke machen.«
Es ist Gottes Stimme. Sie nimmt jeden Zweifel von ihm.

Joseph kann die Ankunft seines Vaters kaum noch erwarten. Asnath und seine Kinder freuen sich mit ihm.
Wenn ihm unterwegs nur kein Leid zustößt, denkt Joseph. Ich will ihm entgegenfahren.
Von weitem sieht er den Zug über der Hügelkuppe auftauchen.

Er treibt das Pferd an.

Benjamin, der neben dem Wagen des Vaters reitet, legt die Hand über die Augen.

»Da kommt jemand. Er scheint es eilig zu haben!«

Jakob erhebt sich im Wagen.

Ein Leuchten geht über sein greises Gesicht.

Er sagt: »Meine Augen sind schwach. Doch mein Herz sieht gut.«

Er weiß, daß es Joseph ist.

Weit breitet er die Arme aus, um ihn zu empfangen.

Geschichten aus der Bibel
erzählt von Max Bolliger
in den Ravensburger Taschenbüchern

Band 46 *David*
Aus einem Hirtenjungen wird der große König.
(Ausgezeichnet mit dem Deutschen Kinderbuchpreis 1966)

Band 94 *Joseph*
Von den Brüdern verkauft, wird Joseph zum höchsten Fürsten des Pharao.

Band 130 *Daniel*
Daniel kennt keine Furcht: weder vor Löwen noch vor den Königen von Babylon.

Band 231 *Mose*
Mose führt sein Volk aus der ägyptischen Knechtschaft in das Gelobte Land.

Otto Maier Verlag Ravensburg